रूह के रंग

दिल से रूह तक का अनकहा सफ़र

AF518571

श्यामंकर सिंघरी

संक्षिप्त परिचय पंक्तियाँ:

इस संग्रह में दिल और रूह की गहराइयों को पन्नों में उतारा गया है। हर अध्याय एक नई कहानी, एक नया एहसास और एक नया रंग लेकर आता है—कभी मोहब्बत की नर्मी, कभी जुदाई का दर्द, तो कभी आख़िरी दुआ की पवित्रता।

रूह के रंग

दिल से रूह तक का अनकहा सफ़र

पहला संस्करण: 2025
लेखक: श्यामंकर सिंघरी
स्थान: प्रयागराज

प्रकाशक: **WKRISHIND**
wkrishind.in

ISBN: 978-81-981954-5-6

यह पुस्तक उन सभी पाठकों और दिलों को समर्पित है, जिन्होंने शब्दों में अपने जज़्बात तलाशे और मोहब्बत के हर रंग को महसूस किया।

प्रस्तावना

यह किताब सिर्फ़ शब्दों का संग्रह नहीं है, ये दिल की धड़कनों, रूह की सिसकियों और मोहब्बत की ख़ामोशियों का आईना है।

हर अध्याय एक नया रंग है—कभी ख़ुशी, कभी दर्द, कभी जुदाई, तो कभी रूहानी सुकून।

ये पन्ने उस एहसास के हैं जिसे लफ़्ज़ों में पूरी तरह समेटना शायद नामुमकिन है, पर मोहब्बत की ख़ुशबू इनमें बसी रहेगी।

यह संग्रह उन सभी दिलों के लिए है जिन्होंने मोहब्बत को महसूस किया, जो इश्क़ के इम्तिहान से गुज़रे, और जिन्होंने आख़िर में सिर्फ़ एक दुआ माँगी— "वो जहाँ भी रहे, खुश रहे।"

समर्पण

ये किताब समर्पित है—

- उन आँखों को, जिन्होंने मोहब्बत में रोया।
- उन दिलों को, जिन्होंने इंतज़ार किया।
- उन रूहों को, जिन्होंने फ़ासलों के बावजूद साथ निभाया।
- और उस एक शख़्स को, जिसकी याद ने हर पन्ने को जज़्बात से भर दिया।

विषय-सूची

📖 अध्याय 1:

हार की ख़ामोशी, जीत का बोझ

🌹 भूमिका

कभी-कभी हार इतनी सच्ची, इतनी गहरी होती है कि सामने वाले की जीत भी हल्की पड़ जाती है। जीत के जश्न में भी एक ख़ालीपन, एक तन्हाई घुल जाती है। यह अध्याय उन्हीं अनकहे जज़्बातों की आवाज़ है—जहाँ हार मोहब्बत की ख़ामोशी बनकर, और जीत बोझिल अहसास बनकर दिलों में उतरती है।

✦ प्रारंभिक पंक्तियाँ

- तुम जीत कर भी रो पड़ोगे, कुछ इस तरह हारूँगा मैं।
- मैं इस तरह हार जाऊँगा, कि तुम जीत कर भी ना भूल पाओगे।
- मैं यूँ हार मान लूंगा, कि तुम्हारी जीत भी तुम्हें बोझिल लगे।
- मैं कुछ इस तरह हार जाऊंगा, कि तुम्हारी जीत भी तुम्हे बोझिल लगे।

✦ शेर

1. मैं ऐसे झुक जाऊँगा,
   कि तुम्हारी जीत भी तुम्हें भारी लगे।

2. मेरी हार ऐसी होगी,
   कि तुम्हारी जीत भी बोझ सी लगेगी।

3. मैं इस तरह हार जाऊँगा,
   कि तुम्हारी जीत भी तुम्हें रुला जाएगी।

✦ छोटी नज़्म

मैं कुछ इस तरह हार जाऊंगा,
कि तुम्हारी जीत भी तुम्हे बोझिल लगे।

तेरे जश्न की रोशनी में भी,
मेरी परछाई तुझे सताएगी।

तू हँसेगा तो भी दिल काँपेगा,
तेरी आँखों में मेरी खामोशी झलकेगी।

मैं हार कर भी तुझमें जियूँगा,
और तेरी फ़तह भी तुझे तन्हा लगेगी।

✦ रूमानी नज़्म

मैं कुछ इस तरह हार जाऊंगा,
कि तुम्हारी जीत भी तुम्हे बोझिल लगे।

तेरी मुस्कान में मेरी याद घुल जाएगी,
तेरी धड़कनों को मेरी आहें छू जाएँगी।

तेरे ख्वाबों में मेरी परछाई बस जाएगी,
तेरी रूह तक मेरी ख़ामोशी उतर जाएगी।

मैं हार कर भी तुझमें बस जाऊंगा,
कि तेरी फ़तह भी तुझे मोहब्बत सी लगेगी।

✦ ग़ज़लनुमा नज़्म

मतला
मैं कुछ इस तरह हार जाऊँगा,
कि तुम्हारी जीत भी बोझिल लगे।

तेरी आँखों में जब मैं उतर आऊँगा,
तो हर ख़ुशी तुझको अधूरी लगे।

तेरे होठों की हँसी थम जाएगी,
तेरी धड़कन भी तुझे सुनी लगे।

मैं ख़मोशी से तुझमें समा जाऊँगा,
कि मेरी हार भी तुझे अपनी लगे।

मक़ता
मैं कुछ इस तरह हार जाऊँगा,
कि तुम्हारी जीत भी बोझिल लगे।

✦ मुकम्मल ग़ज़ल

मतला
मैं कुछ इस तरह हार जाऊँगा,
कि तुम्हारी जीत भी बोझिल लगे।

तेरे जश्नों में सन्नाटा गूंजे,
तेरी महफ़िल तुझे तन्हा लगे।

तेरी आँखों में आंसू उतर आएँ,
तेरी हँसी भी तुझे रूठी लगे।

तेरे हर ख्वाब अधूरे से लगें,
तेरी रातें भी तुझे सूनी लगे।

मेरी ख़ामोशी तुझे चुभती रहे,
तेरी दुनिया तुझे सुनसान लगे।

तू जो चाहे तो जहाँ जीत भी ले,
फिर भी दिल को मेरी कमी खले।

मैं जो हारूँ तो असर इतना होगा,
तेरी फ़तह भी तुझे हारी लगे।

मक़ता

मैं कुछ इस तरह हार जाऊँगा,
कि तुम्हारी जीत भी बोझिल लगे।

📖 अध्याय 2:
मोहब्बत की ख़ामोशी

🌹 भूमिका

मोहब्बत अक्सर कहने से ज़्यादा चुप रहने में जीती जाती है।
कभी आँखों की नमी में, कभी साँसों की आहट में, कभी ख़ामोश निगाहों में —
प्यार बिना बोले सब कुछ कह देता है।
यह अध्याय उन ख़ामोशियों का है जो शब्दों से कहीं ज़्यादा असरदार हैं।

✦ प्रारंभिक पंक्तियाँ

- तेरे लब खामोश हैं, मगर दिल बहुत कुछ कह रहा है।
- मोहब्बत अक्सर चुप रहकर भी सबसे ऊँची आवाज़ बन जाती है।
- जो कह न सके अल्फ़ाज़, वही मोहब्बत की सच्चाई है।
- ख़ामोशी भी एक ज़बान है, और मोहब्बत इसकी सबसे बड़ी शायर है।

✦ शेर

1. तेरे लफ़्ज़ों से नहीं, तेरी चुप्पियों से मोहब्बत है,
   तेरी ख़ामोशी ही मेरी सबसे बड़ी किताब है।

2. तू बोले या न बोले, असर वही रहता है,
   तेरी आँखों की ख़ामोशी ही मोहब्बत कहती है।

3. मोहब्बत की ज़ुबान अल्फ़ाज़ नहीं होते,
   ये तो ख़ामोशियाँ हैं जो दिल से दिल तक जाती हैं।

✦ छोटी नज़्म

तेरी ख़ामोशी में भी आवाज़ है,
तेरी चुप्पियों में भी अहसास है।

तू कुछ कहे न कहे,
मगर दिल को तेरी हर धड़कन का इल्म है।

मोहब्बत अल्फ़ाज़ से नहीं बंधती,
ये तो आँखों की ख़ामोशी में सांस लेती है।

✦ रूमानी नज़्म

तेरी ख़ामोशी में एक समंदर छुपा है,
जिसकी लहरें मेरे दिल को छू जाती हैं।

तेरे होंठ जब कुछ नहीं कहते,
तो तेरी आँखें पूरी दास्तान सुना जाती हैं।

मैंने सीखा है मोहब्बत को पढ़ना,
तेरी चुप निगाहों की किताब से।

तेरी ख़ामोशी ही मेरा इकरार है,
तेरी ख़ामोशी ही मेरी दुनिया है।

✦ ग़ज़ल

मतला
तेरी ख़ामोशी भी बोलती है,
मुझसे मोहब्बत ये खोलती है।

तेरे लब चाहे कुछ न कहें,
तेरी आँखें हर बात बोलती हैं।

तेरी चुप्पी भी इक पैग़ाम है,
तेरी आहट भी दिल में डोलती है।

तेरी ख़ामोशी में है जादू,
जो रूह तक उतर के घोलती है।

मक़ता

तेरी ख़ामोशी ही मेरी दुनिया,
तेरी ख़ामोशी ही सब कुछ खोलती है।

अध्याय 3:
यादों का सफ़र

भूमिका

यादें कभी बोझ होती हैं, कभी सुकून।
वे गुज़रे लम्हों का वो कारवाँ हैं जो हर सांस के साथ दिल के रास्तों पर चलता रहता है।
कभी मुस्कान दे जाती हैं, कभी आँसू, लेकिन हमेशा रूह के किसी कोने में ठहर जाती हैं।
यह अध्याय उसी सफ़र का है — जहाँ यादें हमें हमारे ही अतीत से मिलाती हैं।

✦ प्रारंभिक पंक्तियाँ

- कुछ सफ़र पाँव से नहीं, यादों से पूरे होते हैं।
- बीते लम्हों की खुशबू आज भी साँसों में बसी है।
- यादें लौट कर कभी नहीं आतीं, पर छोड़कर भी नहीं जातीं।
- मोहब्बत गुज़र जाती है, मगर उसकी यादें अमर रहती हैं।

✦ शेर

1. यादों का कारवाँ हर रात गुज़रता है,
   दिल हर दफ़ा उसी राह पर ठहरता है।

2. तेरी यादें मेरी साँसों में रच गई हैं,
   जैसे खुशबू फूलों में बस गई है।

3. सफ़र अधूरा है मगर यादें पूरी हैं,
   तेरे बिना भी तेरा एहसास ज़रूरी है।

✦ छोटी नज़्म

यादें लौटकर आती हैं,
जैसे कोई परछाई पीछे चलती हो।

कभी मुस्कान देती हैं,
कभी आँखें नम कर जाती हैं।

बीते लम्हों का वो सफ़र,
आज भी दिल की गलियों में ज़िंदा है।

✦ रूमानी नज़्म

तेरी यादों का सफ़र बड़ा लंबा है,
हर मोड़ पर तेरा नाम लिखा है।

तेरी हँसी की गूंज अब भी सुनाई देती है,
तेरी खुशबू अब भी हवाओं में बसी है।

कितनी बार चाहा भूल जाना तुझे,
पर यादें तेरी हर बार रोक लेती हैं।

तेरी यादों का सफ़र खत्म कहाँ होता है,
ये तो दिल की धड़कनों के साथ चलता है।

✦ ग़ज़ल

मतला
तेरी यादों का सफ़र जारी है,
ये दिल की रूह में सवारी है।

तेरी तस्वीर दिल में उतरी हुई,
तेरी खुशबू अब भी हमारी है।

तेरे लम्हे हमें सताते हैं,
तेरी खामोशी भी पुकारती है।

भुलाने की कोशिशें बेकार हुईं,
तेरी यादें ही जिंदगी की सवारी हैं।

मक़ता

तेरी यादों का सफ़र चलता रहे,
ये मोहब्बत की सबसे प्यारी निशानी है।

📖 अध्याय 4:

तन्हाई की महक

🌹 भूमिका

तन्हाई केवल ख़ालीपन नहीं होती, इसमें एक अनजानी महक छुपी होती है।
कभी यह महक दर्द बनकर आँखों से बहती है,
कभी सुकून बनकर रूह को छू जाती है।
यह अध्याय तन्हाई के उन्हीं लम्हों का है,
जहाँ इंसान सबसे ज़्यादा अकेला होकर भी,
सबसे ज़्यादा अपने आप से मिलता है।

✦ प्रारंभिक पंक्तियाँ

- तन्हाई की महक वही समझता है जिसने दिल से मोहब्बत की हो।
- भीड़ के शोर में भी तन्हाई की खुशबू पीछा करती है।
- तन्हाई हमें ख़ुद से मिलाती है, और कभी-कभी रुला भी जाती है।

- तन्हाई का दर्द भी मीठा होता है, अगर उसमें किसी की याद बसी हो।

✦ शेर

1. तन्हाई की महक जब दिल को छू जाती है,
   तो हर ख़ुशी भी अधूरी सी लगने लगती है।

2. भीड़ के बीच भी दिल तन्हा रहता है,
   तेरे बिना हर लम्हा सूना रहता है।

3. तन्हाई का स्वाद वही जानता है,
   जिसने मोहब्बत में सब कुछ खोया है।

✦ छोटी नज़्म

तन्हाई में एक महक है,
जो अनकही बातों से आती है।

ये महक दर्द भी देती है,
और सुकून भी पहुंचाती है।

तन्हाई कभी बोझ है,
तो कभी रूह का आईना है।

✦ रूमानी नज़्म

तेरे बिना ये तन्हाई और भी गहरी है,
इसकी खुशबू में बस तेरी यादें बसी हैं।

हर ख़ामोश लम्हा तुझे पुकारता है,
हर सांस तेरी तस्वीर उतारता है।

तन्हाई की इस महक में भी तू है,
जैसे ख़ुशबू और फूल कभी जुदा न हों।

मैं तन्हाई में भी तुझसे मिलता हूँ,
और यही महक मेरा सुकून बन जाती है।

✦ ग़ज़ल

मतला
तन्हाई की महक भी गहरी लगी,
तेरी यादों की तरह ये ठहरी लगी।

तेरे जाने के बाद हर लम्हा सूना,
तेरे होने की कमी ही कहरी लगी।

भीड़ में रहकर भी तन्हाई ने,
तेरा नाम लिया, ये लतहरी लगी।

तेरी यादों ने इसे रंगीन किया,
वरना तन्हाई तो बस सुनहरी लगी।

मक़्ता
तन्हाई की महक ने दिल को छुआ,
तेरी मोहब्बत की तरह ही सजी।

📖 अध्याय 5:
ख़्वाबों की राख

🌹 भूमिका

हर ख़्वाब पूरा नहीं होता।
कुछ टूटकर आँखों में ही बिखर जाते हैं,
कुछ जलकर दिल के भीतर राख हो जाते हैं।
लेकिन उन राख में भी गर्माहट बची रहती है,
जो हमें हर दिन जलाती और याद दिलाती है।
यह अध्याय उन्हीं अधूरे ख़्वाबों का है—
जिन्होंने जीते जी हमें बदल दिया।

✦ प्रारंभिक पंक्तियाँ

- टूटे ख़्वाबों की राख ही सबसे लंबी याद बनती है।
- ख़्वाब जब जलते हैं, तो उनकी सुगंध भी दिल में रह जाती है।
- अधूरे सपने कभी मरते नहीं, वे राख बनकर ज़िंदा रहते हैं।
- मोहब्बत अक्सर ख़्वाबों को सुलगती राख बना देती है।

✦ शेर

1. ख़्वाब जब राख में बदल जाते हैं,
   तो आँखें भी उनसे भर जाती हैं।

2. टूटे सपनों की चुभन गहरी होती है,
   उनकी राख में भी आग बाकी होती है।

3. मोहब्बत ने कई ख़्वाब जलाए हैं,
   उनकी राख ने मुझे फिर से रुलाया है।

✦ छोटी नज़्म

ख़्वाब जले,
तो उनकी राख ने हाथों को भी जला दिया।

ख़्वाब टूटे,
तो उनकी किरचों ने दिल को लहू-लुहान कर दिया।

आज भी उनकी राख महकती है,
आज भी उनका दर्द बोलता है।

✦ रूमानी नज़्म

तेरी मोहब्बत के कितने ख़्वाब बुने थे,
हर सपना तेरे नाम से शुरू हुआ था।

मगर वक़्त की आँधियों ने सब जला डाला,
और मेरी पलकों पर बस राख छोड़ दी।

मैं आज भी उस राख में तुझे ढूँढता हूँ,
शायद कोई अधूरा सपना अभी भी ज़िंदा हो।

तेरी याद और तेरे सपनों की वो राख,
आज मेरी रूह का सबसे गहरा रंग बन गई है।

✦ ग़ज़ल

मतला
ख़्वाबों की राख ने दिल को जलाया,
हर अधूरे लम्हे ने फिर से रुलाया।

तेरी आँखों में जो उजाला था कभी,
उसकी चिंगारी ने मुझे है सुलगाया।

हर तमन्ना धुएँ में खोती रही,
हर उम्मीद ने मुझको धोखा दिया।

मैंने चाहा तो था तेरे साथ रहना,
पर ख़्वाबों की राख ने सच दिखलाया।

मक़ता

ख़्वाबों की राख में यादें दबी हैं,
इन्हीं राखों ने मुझे आज बनाया।

📖 अध्याय 6:

रूह की प्यास

🌹 भूमिका

प्यास सिर्फ़ जिस्म की नहीं होती,
रूह की भी होती है।
जिस्म पानी से तृप्त हो जाता है,
लेकिन रूह को तृप्त करने के लिए
मोहब्बत, अपनापन और सुकून चाहिए।
यह अध्याय उसी अदृश्य प्यास की दास्तान है,
जो ज़िंदगी भर बुझती नहीं।

✦ प्रारंभिक पंक्तियाँ

- जिस्म की प्यास मिट सकती है, पर रूह की प्यास अमर रहती है।
- मोहब्बत ही है जो रूह की प्यास को बुझाती है।
- तन्हाई रूह को और प्यासा कर देती है।
- कभी-कभी पूरी ज़िंदगी बीत जाती है, पर रूह की प्यास बाकी रहती है।

✦ शेर

1. जिस्म की प्यास तो पानी से बुझ गई,
   पर रुह की प्यास मोहब्बत माँगती रही।

2. रुह की प्यास वही समझेगा,
   जिसने दिल से किसी को चाहा होगा।

3. तेरी मोहब्बत ने रुह को छुआ है,
   अब इसकी प्यास भी तुझसे ही जुड़ी है।

✦ छोटी नज़्म

रुह की प्यास गहरी है,
ये आँखों से नहीं दिखती।

ये मोहब्बत की तलाश है,
जो हर सांस के साथ जलती है।

जिस्म तो सुकून पा लेता है,
पर रुह को सिर्फ़ मोहब्बत चाहिए।

✦ रुमानी नज़्म

तेरी मोहब्बत ही वो दरिया है,
जो मेरी रूह की प्यास बुझा सकता है।

तेरी आँखों में ही वो सुकून है,
जिसकी तलाश मेरी रूह ने बरसों की है।

तेरे बिना ये रूह अधूरी है,
तेरे बिना ये प्यास बुझती ही नहीं।

तू ही वो चाँद है जो मेरी रातों को रोशन करता है,
तू ही वो दरिया है जो मेरी रूह को ज़िंदा रखता है।

✦ ग़ज़ल

मतला
रूह की प्यास तेरे नाम से जुड़ी,
तेरी मोहब्बत ही इस दिल को मिली।

तेरी आँखों में सुकून का दरिया,
तेरी सांसों में मोहब्बत की नमी।

जिस्म की प्यास तो पल में मिट गई,
रूह की प्यास मगर तुझसे ही बजी।

हर दुआ में तेरा ही ज़िक्र रहा,
तेरे बिना ये रूह अधूरी सी लगी।

मक़ता

रूह की प्यास तुझसे ही बुझेगी,
तेरे होने से ही ये ज़िंदगी सजी।

📖 अध्याय 7:
ख़ामोश इकरार

🌹 भूमिका

हर इकरार शब्दों से नहीं होता।
कभी नज़रें बोल जाती हैं,
कभी ख़ामोशी बहुत कुछ कह देती है।
ये इकरार इतना गहरा होता है कि
बिना आवाज़ भी दिल तक पहुँच जाता है।
यह अध्याय उसी ख़ामोश मोहब्बत की दास्तान है,
जहाँ लफ़्ज़ कम पड़ जाते हैं,
पर एहसास बहुत कुछ कह जाते हैं।

✦ प्रारंभिक पंक्तियाँ

- कभी आँखें वो कह देती हैं, जो लब नहीं कह पाते।
- ख़ामोशी भी इकरार का सबसे गहरा रूप है।
- मोहब्बत लफ़्ज़ों से नहीं, एहसास से पूरी होती है।
- कुछ इकरार ऐसे होते हैं जिन्हें सिर्फ़ दिल समझता है।

✦ शेर

1. तेरी आँखों की ख़ामोशी कह गई,
   जो तेरे लफ़्ज़ कभी न कह पाए।

2. बिना बोले भी सब कह दिया तूने,
   ये ख़ामोश इकरार ही सबसे गहरा लगा।

3. लब खामोश रहे मगर दिल बोल उठा,
   तेरी नज़रों में इकरार का जहां मिल गया।

✦ छोटी नज़्म

कभी इकरार लफ़्ज़ों से नहीं होता,
कभी ये खामोशी से भी पूरा होता है।

तेरी चुप्पी ने सब बयां कर दिया,
तेरी नज़रों ने मोहब्बत का राज़ खोल दिया।

✦ रूमानी नज़्म

तेरी खामोशी में भी एक इकरार छुपा है,
तेरी आँखों में मोहब्बत का समंदर रुका है।

लब खामोश रहे, मगर दिल चीख उठा,
तेरे होने का सबूत वहीं दिखा।

तेरी चुप्पी मेरे लिए सबसे बड़ी दास्तान है,
तेरा हर खामोश इकरार मेरे लिए जान है।

✦ ग़ज़ल

मतला
ख़ामोश इकरार ने दिल छू लिया,
तेरे बिना भी तेरा साथ मिल गया।

तेरी नज़रों ने जो कहा, समझ गया,
लब खामोश रहे मगर राज़ खुल गया।

ये मोहब्बत लफ़्ज़ों की मोहताज नहीं,
तेरे एहसास से ही दिल धड़क उठा।

तेरी चुप्पी ही मेरा पैग़ाम बनी,
तेरी आँखों से मोहब्बत झलक उठा।

मक़ता
ख़ामोश इकरार ही सबसे गहरा है,
यही सच में मोहब्बत का चेहरा है।

📖 अध्याय 8:
मोहब्बत का सफ़र

🌹 भूमिका

मोहब्बत एक मंज़िल नहीं, बल्कि एक सफ़र है।
इस सफ़र में मुलाक़ातें भी होती हैं, जुदाइयाँ भी।
कभी ख़ुशियाँ मिलती हैं, कभी आँसू।
पर जो दिल सच में मोहब्बत करता है,
वो इस सफ़र की हर मोड़ को
ख़ूबसूरत याद बना लेता है।

✦ प्रारंभिक पंक्तियाँ

- मोहब्बत का सफ़र आसान नहीं, मगर सबसे हसीन है।
- हर कदम पर एक नई कहानी, एक नया एहसास मिलता है।
- मोहब्बत का सफ़र अधूरा रहकर भी पूरा लगता है।
- सफ़र ही मोहब्बत की असली पहचान है।

✦ शेर

1. मोहब्बत का सफ़र है लंबा बहुत,
पर हर कदम पे तेरा साथ मिला।

2. ये सफ़र जुदाई का हो या मिलन का,
दिल ने हर मोड़ पे तुझे ही चाहा।

3. मंज़िल की परवाह किसे है अब,
तेरे साथ चलना ही सफ़र बन गया।

✦ छोटी नज़्म

मोहब्बत एक सफ़र है,
जिसमें रास्ते भी मीठे लगते हैं।

इस सफ़र में आँसू भी मुस्कुराहट बन जाते हैं,
और जुदाइयाँ भी यादें छोड़ जाती हैं।

मंज़िल मिले या न मिले,
ये सफ़र ही मोहब्बत का सबसे बड़ा इनाम है।

✦ रूमानी नज़्म

तेरे साथ सफ़र का हर लम्हा ख़ूबसूरत है,
तेरे बिना हर रास्ता सुनसान लगता है।

तेरी हँसी इस सफ़र का गीत बन गई,
तेरी ख़ामोशी इस सफ़र की धुन।

हमने जाने कितनी दूरियाँ तय कीं,
फिर भी तेरी मोहब्बत ने दूरी मिटा दी।

मंज़िल चाहे अधूरी रह जाए,
पर तेरा हाथ पकड़कर चलना ही सफ़र की जीत है।

✦ ग़ज़ल

मतला
मोहब्बत का सफ़र यूँ चलता रहा,
तेरे संग हर दर्द भी सुलझता रहा।

तेरी आँखों में रास्ते रोशन हुए,
तेरी धड़कन से सफ़र सँवरता रहा।

मंज़िल की तलाश अब नहीं रही,
तेरे साथ ही दिल बहलता रहा।

हर मोड़ पे तेरा नाम जुड़ा रहा,
तेरे बिना भी सफ़र निकलता रहा।

मक़ता
मोहब्बत का सफ़र अनकहा ही सही,
पर तेरे संग ये सफ़र अमर सा लगा।

📖 अध्याय 9:
इंतज़ार की लौ

🌹 भूमिका

इंतज़ार कभी ख़त्म नहीं होता।
ये दिल के अंदर जलती एक लौ की तरह है,
जो उम्मीद के तेल से ज़िंदा रहती है।
कभी धीमी, कभी तेज़,
पर हमेशा सुलगती रहती है।
इसी लौ ने कई रूहों को ज़िंदा रखा है,
और कई दिलों को राख बना दिया है।

✦ प्रारंभिक पंक्तियाँ

- इंतज़ार की लौ बुझती नहीं, चाहे बरसों गुज़र जाएँ।
- उम्मीद ही इंतज़ार का सबसे बड़ा सहारा है।
- इंतज़ार मोहब्बत को और गहरा कर देता है।
- दिल अक्सर उसी का इंतज़ार करता है, जो लौटकर कभी नहीं आता।

✦ शेर

1. इंतज़ार की लौ दिल में जलती रही,
   तेरी याद हर पल सुलगाती रही।

2. तू आया न सही, पर उम्मीद बची रही,
   इस लौ ने मुझे जीते जी जलाया।

3. मोहब्बत का ये इम्तिहान बड़ा अजीब है,
   इंतज़ार की लौ ही सबसे क़रीब है।

✦ छोटी नज़्म

इंतज़ार की लौ कभी बुझती नहीं,
ये दिल के अंधेरों में भी रोशनी देती है।

तेरे लौटने की उम्मीद से जलती है,
तेरी यादों के सहारे ही ज़िंदा रहती है।

✦ रूमानी नज़्म

तेरे आने की आस ने मेरे दिल को ज़िंदा रखा,
तेरे इंतज़ार की लौ ने मेरी रूह को जलाए रखा।

हर रात तेरी आहट सुनी मैंने,
हर सुबह तेरा ख़्वाब देखा मैंने।

तेरी गैरमौजूदगी ने मुझे तोड़ा नहीं,
बल्कि और भी मोहब्बत सिखाई।

ये इंतज़ार की लौ ही मेरी पहचान है,
तेरी मोहब्बत की सबसे गहरी निशानी है।

✦ ग़ज़ल

मतला
इंतज़ार की लौ दिल में जलती रही,
तेरे ख़्याल से रूह सँवरती रही।

तेरी आहट का सपना सजाती रही,
तेरी याद ही मेरी दुआ बनती रही।

हर घड़ी इसने मुझे तन्हा किया,
हर घड़ी इसने मोहब्बत दिखलाई।

तेरे आने की आस बुझी ही नहीं,
ये लौ हर साँस में जगमगाई।

मक़ता
इंतज़ार की लौ ही मोहब्बत का सबूत है,
ये लौ ही दिल की आख़िरी उम्मीद है।

📖 अध्याय 10:

जुदाई के साए

🌹 भूमिका

मोहब्बत का सबसे दर्दनाक रूप है — जुदाई।
ये सिर्फ़ दूरी नहीं, बल्कि रूह पर पड़ा हुआ साया है,
जो हर पल साथ रहता है।
जुदाई इंसान को तोड़ती भी है और संवारती भी,
क्योंकि इसमें दर्द छुपा होता है,
और उसी दर्द से मोहब्बत की गहराई जन्म लेती है।

✦ प्रारंभिक पंक्तियाँ

- जुदाई सिर्फ़ फ़ासलों का नाम नहीं, ये रूह का अंधेरा है।
- मोहब्बत के बाद जुदाई ही सबसे बड़ी सच्चाई है।
- जुदाई हमें रुलाती भी है, और मोहब्बत की कीमत भी सिखाती है।
- जुदाई का साया हमेशा दिल पर छाया रहता है।

✦ शेर

1. जुदाई के साए में जीना पड़ा,
   तेरी मोहब्बत से ही साँस लेना पड़ा।

2. तू जुदा हुआ तो रोशनी भी चली गई,
   अब अंधेरों में तेरी यादें ही राह दिखाती हैं।

3. जुदाई का साया जब दिल पर छा गया,
   तो मोहब्बत का हर रंग फीका पड़ गया।

✦ छोटी नज़्म

जुदाई के साए ने मुझे घेर लिया,
तेरी गैरमौजूदगी ने मुझे तोड़ दिया।

तेरी याद ही अब सहारा है,
तेरी मोहब्बत ही आख़िरी किनारा है।

✦ रूमानी नज़्म

तेरे बिना ये शहर सुनसान लगता है,
तेरे बिना हर रास्ता वीरान लगता है।

जुदाई का साया इतना गहरा है,
कि तेरे बिना हर लम्हा अधूरा है।

तेरी यादें अब मेरा आसरा हैं,
तेरी मोहब्बत ही मेरी दास्तान है।

ये साया चाहे मुझे रुलाता रहे,
पर तुझसे मोहब्बत कम न हो पाए।

✦ ग़ज़ल

मतला
जुदाई के साए में दिल रो पड़ा,
तेरे बिना हर सपना खो गया।

तेरी यादें ही अब सहारा बनीं,
तेरे बिना हर लम्हा अधूरा रहा।

तेरे जाने से साँसें तो चलती रहीं,
पर रूह का हर कोना सूना रहा।

ये दूरी ही अब मेरी तक़दीर बनी,
तेरे बिना हर राह वीरान रहा।

मक़ता
जुदाई के साए ने सिखा दिया,
मोहब्बत का दर्द ही दास्तान बना।

📖 अध्याय 11:

टूटे ख़्वाब

🌹 भूमिका

ख़्वाब वो आईने होते हैं जिनमें दिल अपनी उम्मीदें देखता है।
पर जब ये आईने टूटते हैं,
तो उनकी किरचें रूह तक को ज़ख़्मी कर जाती हैं।
टूटे हुए ख़्वाब हमें मोहब्बत की हक़ीक़त दिखाते हैं —
कि हर चाहत पूरी नहीं होती,
और हर सपना मुकम्मल नहीं हो पाता।

✦ प्रारंभिक पंक्तियाँ

- टूटे ख़्वाब भी मोहब्बत की गवाही देते हैं।
- हर सपना सच होने के लिए नहीं होता।
- टूटे ख़्वाब ही सबसे गहरी मोहब्बत का सबूत हैं।
- जब ख़्वाब टूटते हैं, तो आँखें हमेशा नम रह जाती हैं।

✦ शेर

1. टूटे ख़्वाबों ने दिल छलनी कर दिया,
मोहब्बत को दर्द की याद बना दिया।

2. तेरे वादों पे जो सपने बुने थे,
वो टूटकर मुझे तन्हा कर गए।

3. ख़्वाब टूटे मगर मोहब्बत न टूटी,
बस उम्मीदें मेरी चुपचाप बिखर गईं।

✦ छोटी नज़्म

आँखों में तेरे संग सपने सजाए थे,
हक़ीक़त ने सब तोड़ डाले।

अब सिर्फ़ किरचें हैं इन पलकों पर,
जो हर लम्हा ख़ून सा बहाती हैं।

✦ रूमानी नज़्म

तेरे साथ जिए गए ख़्वाब टूट गए,
उम्मीदों के शीशे बिखर गए।

हर किरच में तेरा चेहरा दिखता है,
हर आह में तेरी यादें जलती हैं।

मैंने सोचा था तेरा हाथ थामे रहूँगा,
पर किस्मत ने मेरी उँगलियाँ खाली कर दीं।

टूटे ख़्वाब ही अब मेरा आसरा हैं,
ये ही मेरी मोहब्बत की गवाही हैं।

✦ ग़ज़ल

मतला
टूटे ख़्वाबों ने दिल जला दिया,
तेरे बिना हर सपना बुझा दिया।

तेरी यादों के शीशे बिखर गए,
हर किरच ने मुझे ज़ख़्म दे दिया।

उम्मीदों की चादर अब फट गई,
मोहब्बत ने दर्द ही रूह बना दिया।

ख़्वाब सजाए थे तेरे नाम पे,
हक़ीक़त ने सब मिटा दिया।

मक़ता
टूटे ख़्वाब ही अब दास्तान हैं,
ये ही मेरी मोहब्बत की पहचान हैं।

📖 अध्याय 12:

यादों का कारवाँ

🌹 भूमिका

यादें एक कारवाँ की तरह होती हैं —
जो हमेशा हमारे साथ चलता है।
कभी हँसी बनकर, कभी आँसू बनकर,
कभी ख़ामोशी की परछाईं बनकर।
यादों से भागा नहीं जा सकता,
क्योंकि ये मोहब्बत की सबसे अटूट निशानी होती हैं।

✦ प्रारंभिक पंक्तियाँ

- यादों का कारवाँ कभी थमता नहीं।
- मोहब्बत चाहे अधूरी रह जाए, यादें पूरी रह जाती हैं।
- यादें दर्द भी देती हैं और सुकून भी।
- हर याद दिल की धड़कन पर दस्तक देती है।

✦ शेर

1. यादों का कारवाँ चलता ही रहा,
तेरे बिना भी दिल धड़कता रहा।

2. तेरे साथ बिताए लम्हे लौटे नहीं,
पर उनकी ख़ुशबू अब तक रहती है।

3. जुदाई ने हमसे तुझे छीन लिया,
मगर यादों ने तुझे पास रखा।

✦ छोटी नज़्म

तेरी यादों का कारवाँ हर पल मेरे साथ है,
रातों में तन्हाई का साथी है।

तेरी हँसी की गूँज अब भी कानों में बजती है,
तेरी ख़ामोशी अब भी दिल को चुभती है।

✦ रूमानी नज़्म

तेरी यादों का कारवाँ मेरे दिल में उतर आया है,
हर मोड़ पे तेरा नाम सजाया है।

तेरे साथ बिताए लम्हों ने मुझे छोड़ दिया,
पर उनकी परछाइयाँ अब तक मेरा पीछा करती हैं।

तेरी आँखों की रोशनी अब भी सपनों में जगमगाती है,
तेरे जाने के बाद भी मेरी रूह को सुकून दिलाती है।

ये यादों का कारवाँ ही है,
जो तेरे बिना भी तुझसे जोड़े रखता है।

✦ ग़ज़ल

मतला
यादों का कारवाँ दिल में चलता रहा,
तेरे बिना भी दिल तुझसे मिलता रहा।

तेरी हँसी की चमक अब भी ज़िंदा है,
तेरी आहट का ख़्वाब सजता रहा।

हर जुदाई में तेरा सहारा मिला,
हर तन्हाई में नाम तेरा गूंजता रहा।

तेरी तस्वीर ने मुझे रोका नहीं,
तेरी यादों का कारवाँ बसता रहा।

मक़ता
यादों का कारवाँ ही मोहब्बत की रीत है,
ये ही दिल की आख़िरी तासीर है।

📖 अध्याय 13:

ख़ामोशी की जुबां

🥀 भूमिका

कभी-कभी सबसे गहरी बातें शब्दों में नहीं,
बल्कि ख़ामोशी में छुपी होती हैं।
ये ख़ामोशी ही है जो दिल की धड़कनों को आवाज़ देती है,
आँखों से मोहब्बत बयां करती है,
और जुदाई में सबसे ज़्यादा रुलाती है।
मोहब्बत की सबसे सच्ची जुबां — अक्सर ख़ामोशी ही होती है।

✦ प्रारंभिक पंक्तियाँ

- ख़ामोशी वो अल्फ़ाज़ हैं, जो कहे बिना समझे जाते हैं।
- जब लफ़्ज़ धोखा दे जाते हैं, तो ख़ामोशी सच कहती है।
- मोहब्बत की सबसे गहरी आवाज़, ख़ामोशी है।
- ख़ामोशी कभी दर्द की निशानी होती है, कभी मोहब्बत की।

✦ शेर

1. तेरी ख़ामोशी ने बहुत कुछ कहा,
मेरे दिल ने सब समझ लिया।

2. लफ़्ज़ों से नहीं, तेरी चुप से जाना,
मोहब्बत का असली रंग है तन्हा।

3. जब जुबां खामोश हुई,
तो आँखों ने इज़हार कर दिया।

✦ छोटी नज़्म

ख़ामोशी भी बोलती है,
बस सुनने वाला चाहिए।

तेरे होंठ चुप रहें,
तो भी तेरी आँखें सब कह जाती हैं।

✦ रूमानी नज़्म

तेरी ख़ामोशी ने मुझे घायल कर दिया,
तेरी चुप ने मोहब्बत का इज़हार कर दिया।

जब लफ़्ज़ साथ छोड़ गए,
तेरी नज़र ने सब बयाँ कर दिया।

तेरी ख़ामोशी की जुबां ने मुझे सिखाया,
कि मोहब्बत का सबसे सच्चा रूप — बिना शब्दों के होता है।

✦ ग़ज़ल

मतला
तेरी ख़ामोशी की जुबां सब कह गई,
मेरे दिल की तन्हाई को राह दे गई।

तेरे होंठ चुप, पर आँखें बोल पड़ीं,
तेरी नज़र मोहब्बत की दास्तां लिख गई।

जब जुबां से कुछ भी न कहा गया,
तेरी ख़ामोशी ने सब इज़हार कर दिया।

तेरे अल्फ़ाज़ से नहीं, तेरी चुप से जाना,
तेरा इश्क़ ही मेरी रुह को समझा गया।

मक़ता
ख़ामोशी की जुबां ही मोहब्बत की पहचान है,
ये ही दिल का सबसे गहरा बयान है।

📖 अध्याय 14:
इश्क़ की रुह

🌹 भूमिका

इश्क़ सिर्फ़ एक अहसास नहीं,
ये रुह की गहराई में उतर जाने वाला सफ़र है।
जिसमें जिस्म, ज़ुबां और फ़ासले सब पीछे छूट जाते हैं।
इश्क़ की रुह इंसान को मुकम्मल बना देती है,
और कभी अधूरा छोड़कर उसकी ज़िंदगी बदल भी देती है।
इश्क़ अगर रुह से हो जाए, तो वो हमेशा अमर रहता है।

✦ प्रारंभिक पंक्तियाँ

- इश्क़ की रुह जिस्म से नहीं, दिल से पहचानी जाती है।
- मोहब्बत का सबसे सच्चा रुप वही है, जो रुह को छू ले।
- इश्क़ जब रुह में उतरता है, तो वक़्त और दूरी मायने नहीं रखते।
- रुहानी इश्क़ मौत के बाद भी ज़िंदा रहता है।

✦ शेर

1. इश्क़ की रूह ने मुझे तुझसे बाँध लिया,
   तेरे बिना भी तेरा साथ मिल गया।

2. जिस्मानी मोहब्बत तो मिट जाती है,
   पर रूह का इश्क़ हमेशा रहता है।

3. तेरी मोहब्बत मेरी रूह में उतर गई,
   अब ये इश्क़ मेरी पहचान बन गई।

✦ छोटी नज़्म

तेरी मोहब्बत ने मेरी रूह को छुआ,
तेरे बिना भी तू मेरा हिस्सा बना।

इश्क़ जिस्म तक सीमित नहीं रहा,
ये मेरी साँसों से भी गहरा हो गया।

✦ रूमानी नज़्म

तेरे इश्क़ ने मेरी रूह को कैद कर लिया,
तेरे बिना भी तू मेरे दिल में बसा रहा।

तेरे नाम का असर मेरी साँसों में है,
तेरी याद का नूर मेरी धड़कनों में है।

ये इश्क़ अब जिस्म का मोहताज़ नहीं,
ये रूह का हिस्सा बन चुका है।

तेरी मोहब्बत ही अब मेरी बंदगी है,
ये रूहानी इश्क़ ही मेरी ज़िंदगी है।

✦ ग़ज़ल

मतला
इश्क़ की रूह ने सब बदल दिया,
तेरे बिना भी तुझे महसूस किया।

तेरी यादों ने मेरी साँसें थाम लीं,
तेरी मोहब्बत ने मुझे ज़िंदा किया।

जिस्म का रिश्ता तो मिट जाता है,
पर रूह का इश्क़ अमर हो गया।

तेरी आँखों में रूहानी नूर मिला,
तेरे दिल से जुड़कर मैं मुकम्मल हुआ।

मक़ता
इश्क़ की रूह ही मेरी पहचान है,
ये ही मेरी मोहब्बत की जान है।

📖 अध्याय 15:

मोहब्बत का सफ़र

🌹 भूमिका

मोहब्बत एक सफ़र है—
जिसकी शुरुआत नज़रों से होती है,
फिर दिल की गलियों से गुज़रती है,
यादों की पगडंडियों पर चलती है,
और रूह की गहराइयों में उतर जाती है।
ये सफ़र आसान नहीं होता,
कभी खुशी, कभी दर्द, कभी तन्हाई से गुज़रता है।
लेकिन यही सफ़र इंसान को उसकी असली मोहब्बत से रूबरू कराता है।

✦ प्रारंभिक पंक्तियाँ

- मोहब्बत का सफ़र छोटा नहीं, उम्रभर चलता है।
- इसमें आँसू भी हैं, मुस्कुराहट भी।
- सफ़र अधूरा हो सकता है, पर यादें हमेशा रहती हैं।
- मोहब्बत का सफ़र दिल से शुरु होकर रूह पर ख़त्म होता है।

✦ शेर

1. मोहब्बत का सफ़र बड़ा अजीब है,
   कभी हँसी तो कभी दर्द करीब है।

2. तेरे बिना ये सफ़र अधूरा रहा,
   तेरी यादों ने मगर साथ निभाया।

3. मोहब्बत के इस सफ़र में सीखा मैंने,
   दिल से बढ़कर कोई मंज़िल नहीं।

✦ छोटी नज़्म

तेरे संग शुरू हुआ सफ़र,
तेरे ही ख़्वाबों में मुकम्मल हुआ।

रास्ते मुश्किल थे, मंज़िल दूर थी,
पर तेरा साथ ही मेरी मंज़िल बन गया।

✦ रूमानी नज़्म

मोहब्बत का सफ़र तेरे नाम से शुरू हुआ,
तेरी मुस्कान मेरी पहली मंज़िल बनी।

तेरी यादों की छाँव में मैंने राहत पाई,
तेरी जुदाई ने दर्द का दरिया दिखाया।

इस सफ़र में हँसी भी थी, आहें भी,
ख़्वाब भी टूटे, उम्मीदें भी जगीं।

पर हर मोड़ पर तू ही था,
तेरा नाम ही मेरी राह बना।

मोहब्बत का ये सफ़र शायद मुकम्मल न हो,
पर तेरी चाहत ने इसे ख़ूबसूरत बना दिया।

✦ ग़ज़ल

मतला
मोहब्बत का सफ़र न थमा न रुका,
तेरे बिना भी दिल तेरा ही रहा।

तेरी यादें हर मोड़ पर मिलती रहीं,
तेरी चाहत ने रूह को सहारा दिया।

कभी हँसी तो कभी ग़म का साया,
इस सफ़र ने हर रंग दिखा दिया।

तेरे संग सफ़र अधूरा सही,
पर तेरी मोहब्बत ने पूरा बना दिया।

मक़ता

मोहब्बत का सफ़र ही मेरी पहचान है,
ये ही दिल का सबसे हसीं अरमान है।

📖 अध्याय 16:

वक़्त और मोहब्बत

🌹 भूमिका

वक़्त और मोहब्बत का रिश्ता अजीब है।
वक़्त बदलता है, पर मोहब्बत अक्सर वही रहती है।
कभी वक़्त मोहब्बत को सँवार देता है,
कभी वक़्त उसे जुदाई का ज़ख़्म बना देता है।
मगर सच्ची मोहब्बत वक़्त की पकड़ से भी बाहर होती है,
क्योंकि वो दिल और रूह में हमेशा ज़िंदा रहती है।

✦ प्रारंभिक पंक्तियाँ

- वक़्त गुज़र जाता है, पर मोहब्बत ठहर जाती है।
- वक़्त घाव भर देता है, पर मोहब्बत की छाप नहीं मिटती।
- मोहब्बत वक़्त से नहीं, एहसास से जीती है।
- सच्चा इश्क़ वक़्त की कैद में भी अमर रहता है।

✦ शेर

1. वक़्त ने बहुत कुछ छीन लिया,
पर तेरा इश्क़ अब भी मेरा है।

2. मोहब्बत वक़्त की मोहताज़ नहीं,
ये दिल की रूह का सरफ़राज़ है।

3. वक़्त गुज़रता रहा, मोहब्बत ठहरी रही,
तेरी यादों में ही मेरी ज़िंदगी चलती रही।

✦ छोटी नज़्म

वक़्त ने बहुत बदल दिया,
पर मोहब्बत वैसी ही रही।

तेरे जाने के बाद भी,
तेरा नाम मेरी धड़कनों में रहा।

✦ रूमानी नज़्म

वक़्त की आँधी ने बहुत कुछ उड़ा दिया,
पर तेरी मोहब्बत मेरे दिल में गहराई तक उतर गई।

साल गुज़र गए, मौसम बदलते रहे,
पर तेरे नाम की खुशबू अब भी साँसों में बसी है।

वक़्त ने जुदाई दी, मोहब्बत ने सब्र सिखाया,
तेरे बिना भी तेरा अहसास दिल को सँभालता रहा।

इश्क़ वक़्त का मोहताज़ नहीं,
ये तो रूह की सबसे गहरी पहचान है।

✦ ग़ज़ल

मतला
वक़्त बदला, मगर मोहब्बत वही रही,
तेरी यादों की ख़ुशबू दिल में रही।

तेरे बिना भी सफ़र कट गया,
तेरी मोहब्बत का नूर रूह में रहा।

जुदाई ने वक़्त का ज़हर पिलाया,
मगर इश्क़ ने सब्र का सहारा दिया।

तेरी चाहत ने वक़्त को मात दी,
तेरे इश्क़ ने सब कुछ आसान किया।

मक़ता
वक़्त और मोहब्बत का यही फ़साना है,
वक़्त गुज़रता है, इश्क़ रह जाता है।

📖 अध्याय 17:
जुदाई का दर्द

🌹 भूमिका

जुदाई मोहब्बत का सबसे कठिन इम्तिहान है।
ये वो सच्चाई है जो दिल को चीर देती है,
आँखों को भीगा देती है,
और रूह तक को तन्हाई में छोड़ देती है।
जुदाई का दर्द इंसान को तोड़ता भी है,
और सिखाता भी है कि इश्क़ सिर्फ़ पास रहने का नाम नहीं,
बल्कि दूर रहकर भी दिल में बसाए रखने का नाम है।

✦ प्रारंभिक पंक्तियाँ

- जुदाई आँखों से आँसू और दिल से चैन छीन लेती है।
- मोहब्बत अधूरी हो सकती है, पर उसका असर कभी कम नहीं होता।
- जुदाई का दर्द सबसे गहरी मोहब्बत की निशानी है।
- तेरी जुदाई ने मुझे तुझसे और गहरा जोड़ दिया।

✦ शेर

1. जुदाई का दर्द कम नहीं होता,
   ये मोहब्बत को और गहरा बना देता है।

2. तेरा साथ न सही, तेरी याद तो है,
   जुदाई में भी तेरा एहसास मेरे पास है।

3. जुदाई ने मेरी रूह को रुलाया,
   पर मोहब्बत ने दिल को सँभाल लिया।

✦ छोटी नज़्म

जुदाई का हर लम्हा भारी है,
तेरे बिना ये साँस भी अधूरी है।

तेरी याद ही अब सहारा है,
वरना तन्हाई ने तोड़ दिया है।

✦ रूमानी नज़्म

तेरी जुदाई ने मेरी रातों को वीरान कर दिया,
तेरे बिना हर सपना अधूरा हो गया।

तेरी यादें ही अब मेरा साथ निभाती हैं,
तेरी खुशबू ही मेरी साँसों में बसती है।

दिल तुझसे मिलने को तड़पता है,
रूह तेरे नाम का वज़न उठाती है।

जुदाई का दर्द आसान नहीं,
पर तेरी मोहब्बत ने इसे भी ख़ूबसूरत बना दिया।

✦ ग़ज़ल

मतला
तेरी जुदाई ने दिल को रुला दिया,
तेरी मोहब्बत ने सब सहला दिया।

तेरे बिना तन्हाई ने घेरा किया,
तेरी यादों ने दिल को सहारा दिया।

जुदाई ने ज़ख़्म बहुत गहरे दिए,
तेरी चाहत ने सब्र का मरहम दिया।

तेरे बिना भी तू पास रहा,
तेरी मोहब्बत ने रूह को जगा दिया।

मक़ता
जुदाई का दर्द ही मेरी पहचान है,
इश्क़ का ये ज़ख़्म ही मेरा अरमान है।

📖 अध्याय 18:

यादों का कारवाँ

🌹 भूमिका

यादें मोहब्बत का सबसे अमर तोहफ़ा हैं।
ये वक़्त के साथ पुरानी नहीं होतीं,
बल्कि और गहरी, और मीठी, और कभी-कभी और दर्दनाक हो जाती हैं।
यादों का कारवाँ इंसान को उस मोड़ पर ले जाता है,
जहाँ मोहब्बत की खुशबू भी है और जुदाई का धुआँ भी।
कभी ये यादें मुस्कुराहट बन जाती हैं,
तो कभी आँखों से आँसू बहा देती हैं।

✦ प्रारंभिक पंक्तियाँ

- यादें दिल का वो आईना हैं, जिसमें मोहब्बत हमेशा ज़िंदा रहती है।

- यादें वक़्त को रोक लेती हैं।

- कभी यादें मरहम हैं, तो कभी ज़ख़्म।

- मोहब्बत की सबसे हसीं धरोहर उसकी यादें होती हैं।

✦ शेर

1. तेरी यादों का कारवाँ दिल से गुज़र गया,
   हर लम्हा मुझे तुझसे मिला गया।

2. यादें तेरी तन्हाई में आवाज़ बन गईं,
   तेरे बिना भी तू पास बन गईं।

3. तेरी यादों ने हर ज़ख़्म को जगा दिया,
   तेरी मोहब्बत ने सब भुला दिया।

✦ छोटी नज़्म

तेरी यादें दिल का सहारा बनीं,
तेरी जुदाई का मरहम बनीं।

ये यादें ही तो हैं जो तन्हाई में
तेरा हाथ पकड़कर मुझे सँभाल लेती हैं।

✦ रूमानी नज़्म

यादों का कारवाँ थमता ही नहीं,
हर मोड़ पर तेरा नाम दिखा देता है।

कभी ये यादें हँसाती हैं,
कभी आँखों को भीगा जाती हैं।

तेरे बिना ये दिल अधूरा है,
पर तेरी यादें इसे पूरा कर देती हैं।

तेरी मोहब्बत अब बस यादों में है,
और ये यादें ही मेरी ज़िंदगी का सफ़र बन गई हैं।

✦ ग़ज़ल

मतला
तेरी यादों का कारवाँ साथ चलता रहा,
तेरे बिना भी दिल तुझसे मिलता रहा।

कभी ये यादें मुस्कान दे गईं,
कभी तन्हाई में आँसू बहा गईं।

तेरी जुदाई का ग़म भी हल्का हुआ,
जब यादों ने तेरा सहारा दिया।

तेरी यादों से ही मेरी रूह रोशन है,
तेरी चाहत ने ही दिल को ज़िंदा किया।

मक़ता
यादों का कारवाँ ही मेरी पहचान है,
ये ही मेरी मोहब्बत, ये ही अरमान है।

📖 अध्याय 19:
ख़्वाब और मोहब्बत

🥀 भूमिका

ख़्वाब और मोहब्बत का रिश्ता बहुत गहरा है।
मोहब्बत अक्सर ख़्वाबों से शुरू होती है और उन्हीं में पलती-बढ़ती है।
कभी ख़्वाब हक़ीक़त बन जाते हैं,
तो कभी हक़ीक़त से दूर होकर बस आँखों में ही रह जाते हैं।
पर सच्ची मोहब्बत में ख़्वाब टूटते नहीं,
बल्कि और भी हसीं लगने लगते हैं —
क्योंकि मोहब्बत उन्हें दिल में हमेशा ज़िंदा रखती है।

✦ प्रारंभिक पंक्तियाँ

- मोहब्बत बिना ख़्वाब अधूरी है।
- ख़्वाब आँखों में सजते हैं और दिल में बसते हैं।
- टूटा हुआ ख़्वाब भी मोहब्बत का हिस्सा होता है।
- ख़्वाब ही वो आईना हैं जिसमें इश्क़ अपना चेहरा देखता है।

✦ शेर

1. तेरे ख़्वाबों में ही मेरी दुनिया बसी,
   तेरी मोहब्बत ने ही ज़िंदगी दी।

2. ख़्वाब अधूरे सही, पर तेरे नाम के हैं,
   ये दिल की सबसे प्यारी निशानी हैं।

3. तेरे ख़्वाबों ने मुझे ज़िंदा रखा,
   तेरे बिना भी तेरा सहारा बना।

✦ छोटी नज़्म

तेरे ख़्वाब मेरी आँखों का नूर हैं,
तेरे बिना भी तू इनमें भरपूर है।

ये ख़्वाब ही मेरी मोहब्बत का सच हैं,
इनमें ही तेरी तस्वीर रची-बसी है।

✦ रूमानी नज़्म

तेरे ख़्वाब हर रात मेरा दामन भरते हैं,
तेरी मुस्कान मेरे ख़्वाबों को रोशन कर देती है।

कभी तू पास आकर मुझे छू लेता है,
कभी तेरी तन्हाई मेरी आँखों को भिगो देती है।

ख़्वाबों में तेरा होना ही मोहब्बत है,
ख़्वाबों में तेरा मुस्कुराना ही ज़िंदगी है।

तेरी हक़ीक़त चाहे दूर क्यों न हो,
तेरे ख़्वाब ही मेरा सबसे बड़ा सहारा हैं।

✦ ग़ज़ल

मतला
तेरे ख़्वाबों ने दिल को सँवार दिया,
तेरे बिना भी तेरा सहारा दिया।

तेरे ख़्वाबों में ही मैंने जहाँ पाया,
तेरी मोहब्बत ने सब कुछ सिखा दिया।

कभी ये ख़्वाब आँसू बना गए,
कभी हँसी की सौग़ात दे गए।

तेरे बिना भी ख़्वाबों ने दिल को जिया,
तेरी मोहब्बत ने रूह को रोशन किया।

मक़ता
ख़्वाब और मोहब्बत का यही फ़साना है,
दोनों मिलकर दिल का अफ़साना बनाते हैं।

📖 अध्याय 20:
इश्क़ की तन्हाई

🥀 भूमिका

इश्क़ जितना हसीं होता है, उतना ही गहरा अकेलापन भी दे जाता है।
कभी महफ़िल में भी तन्हाई का एहसास होने लगता है,
तो कभी अकेले में भी इश्क़ की रूह साथ महसूस होती है।
तन्हाई मोहब्बत का वो आईना है जिसमें हम
अपने सबसे सच्चे जज़्बात देखते हैं।
ये दर्द भी देती है और सुकून भी।

✦ प्रारंभिक पंक्तियाँ

- इश्क़ की तन्हाई सबसे गहरी साथी है।
- मोहब्बत तन्हाई में और गहरी हो जाती है।
- तन्हाई दिल को रुलाती भी है और सँभालती भी।
- इश्क़ का सबसे सच्चा इम्तिहान उसकी तन्हाई है।

✦ शेर

1. इश्क़ की तन्हाई ने रूह को जला दिया,
तेरी यादों ने ही दिल को बचा लिया।

2. तन्हाई में तेरा नाम पुकारता हूँ,
तेरे बिना भी तुझसे बातें करता हूँ।

3. तन्हाई ने मुझे और तुझसे जोड़ दिया,
तेरे बिना भी तेरा सहारा दे दिया।

✦ छोटी नज़्म

तन्हाई हर लम्हा तेरा नाम दोहराती है,
तेरे बिना भी तेरी तस्वीर दिखाती है।

ये तन्हाई ही तो है जिसने
तेरी मोहब्बत को और गहरा बना दिया।

✦ रूमानी नज़्म

इश्क़ की तन्हाई बड़ी अजीब होती है,
ये दिल को रुलाती भी है,
और तेरी यादों में सँभालती भी है।

रात की ख़ामोशी में तेरा नाम गूँजता है,
हर सन्नाटा तेरे कदमों की आहट बन जाता है।

तन्हाई ने मुझे तेरे और क़रीब ला दिया,
तेरे बिना भी तेरा एहसास पास ला दिया।

इश्क़ की तन्हाई ही मेरी मोहब्बत की पहचान है,
ये ही मेरी रूह का सबसे सच्चा अरमान है।

✦ ग़ज़ल

मतला
इश्क़ की तन्हाई ने दिल को जला दिया,
तेरी मोहब्बत ने रूह को बचा लिया।

तेरे बिना तन्हा हर लम्हा गुज़रा,
तेरी यादों ने दिल को सँभाल लिया।

तन्हाई ने ज़ख़्म गहरे दिए,
मोहब्बत ने उन पर मरहम दिया।

तेरे बिना भी तू पास रहा,
तेरी चाहत ने सब्र सिखा दिया।

मक़ता
इश्क़ की तन्हाई ने ये सिखाया है,
तेरे बिना भी तुझसे जीना आया है।

📖 अध्याय 21:
मोहब्बत का सफ़र

🌹 भूमिका

मोहब्बत एक सफ़र है —
कभी मीठा, कभी दर्द भरा,
कभी आसान, कभी मुश्किल।
ये सफ़र उन दो दिलों का होता है
जो एक-दूसरे की धड़कनों में रास्ता खोजते हैं।
हर मोड़ पर एक नई कहानी होती है,
हर ठहराव पर एक नया एहसास।
और आख़िरकार ये सफ़र हमें
मोहब्बत की असल मंज़िल तक पहुँचा देता है।

✦ प्रारंभिक पंक्तियाँ

- मोहब्बत का सफ़र कभी ख़त्म नहीं होता।
- हर लम्हा, हर आँसू, हर मुस्कान इसका हिस्सा है।
- ये सफ़र दिल से दिल तक का पुल है।
- मोहब्बत का सफ़र ही असली इबादत है।

✦ शेर

1. मोहब्बत का सफ़र लंबा भी है, छोटा भी,
   ये दिलों में जिया जाता है, लफ़्ज़ों में नहीं।

2. हर मोड़ पर तेरी यादों का सहारा मिला,
   तेरे बिना भी सफ़र ने तुझे पास रखा।

3. मोहब्बत का सफ़र रूह से गुज़रता है,
   ये रास्ता दिलों को जोड़ता है।

✦ छोटी नज़्म

मोहब्बत का सफ़र आँसुओं से भी गुज़रता है,
हँसी से भी सजता है।

कभी तन्हाई से भरता है,
तो कभी तेरे नाम से रोशन हो जाता है।

✦ रूमानी नज़्म

तेरे साथ चला तो हर रास्ता आसान लगा,
तेरे बिना भी तेरा सहारा साथ रहा।

ये सफ़र मोहब्बत का है,
जहाँ हर मोड़ पर तेरा नाम लिखा है।

कभी आँधी आई, कभी बारिश हुई,
कभी धूप ने तपाया,
पर इस सफ़र ने हर दर्द को मोहब्बत बना दिया।

मंज़िल चाहे मिले या न मिले,
मोहब्बत का सफ़र ही सबसे ख़ूबसूरत है।

✦ ग़ज़ल

मतला
मोहब्बत का सफ़र दिल से शुरू हुआ,
तेरी चाहत से रूह तक जुड़ गया।

हर मोड़ पर तेरा नाम मिला,
हर दर्द भी तेरी याद बना।

तेरे बिना भी ये सफ़र अधूरा नहीं,
तेरी मोहब्बत ने इसे पूरा किया।

कभी आँसू, कभी हँसी ने राह दिखाई,
तेरे एहसास ने मंज़िल दिला दी।

मक़ता

मोहब्बत का सफ़र ही मेरी पहचान है,
ये ही मेरी रूह, ये ही अरमान है।

📖 अध्याय 22:

जुदाई की रातें

🌹 भूमिका

जुदाई की रातें सबसे लंबी होती हैं।
रात का सन्नाटा, दिल का खालीपन और यादों का सैलाब —
ये तीनों मिलकर जुदाई को और गहरा बना देते हैं।
इन रातों में नींद आँखों से रूठ जाती है,
हर तारा तेरी याद दिलाता है,
और चाँद भी तेरा हमराज़ बन जाता है।
जुदाई की रातें दर्द भी देती हैं
और मोहब्बत की सच्चाई भी दिखाती हैं।

✦ प्रारंभिक पंक्तियाँ

- जुदाई की रातें सबसे भारी होती हैं।
- हर सन्नाटा तेरी याद में चीख उठता है।
- चाँद भी तेरा नाम लिखता है।
- नींद खो जाती है, बस तेरी यादें रह जाती हैं।

✦ शेर

1. जुदाई की रातें तन्हाई से भरी हैं,
   तेरी यादें ही इनका सहारा बनी हैं।

2. हर तारा तेरी झलक दिखा जाता है,
   हर सन्नाटा तेरा नाम दोहराता है।

3. नींद से ज्यादा तेरी यादें जागती हैं,
   जुदाई की रातें बस तुझमें ढलती हैं।

✦ छोटी नज़्म

जुदाई की रातें चाँद से बातें करती हैं,
तेरे बिना भी तेरा नाम पुकारती हैं।

ये रातें ही तो हैं जिन्होंने सिखाया है,
मोहब्बत जुदाई में भी ज़िंदा रहती है।

✦ रूमानी नज़्म

जब रात ढलती है,
तेरी यादें तारे बनकर चमकती हैं।

सन्नाटे में तेरी आहट सुनाई देती है,
हर परछाईं में तेरा चेहरा नज़र आता है।

नींद रूठ जाती है,
आँखें बस तेरा ख़्वाब खोजती हैं।

जुदाई की ये रातें दर्द देती हैं,
पर तेरे होने का एहसास भी कराती हैं।

✦ ग़ज़ल

मतला
जुदाई की रातों ने दिल को तड़पा दिया,
तेरी यादों ने रूह को जगा दिया।

हर तारा तेरा पैग़ाम बन गया,
हर सन्नाटा तेरा नाम बन गया।

तेरे बिना भी ये रातें तुझसे भरी हैं,
तेरे ख़्वाबों से ही आँखें जुड़ी हैं।

नींद से ज़्यादा तेरी यादें गहरी हैं,
जुदाई की रातें मोहब्बत की गवाही हैं।

मक़ता
जुदाई की रातों ने ये सिखा दिया,
तेरे बिना भी तुझमें जीना आ गया।

📖 अध्याय 23:

रूह का रिश्ता

🌹 भूमिका

कुछ रिश्ते लफ़्ज़ों से नहीं, रूह से जुड़े होते हैं।
ये रिश्ते न ख़त्म होते हैं, न टूटते हैं।
दूरी, जुदाई, वक़्त — कुछ भी इन्हें कमज़ोर नहीं कर सकता।
रूह का रिश्ता ही मोहब्बत का सबसे सच्चा सबूत है।
ये एहसास है जो दिल से दिल तक,
और सांस से सांस तक जुड़ा रहता है।

✦ प्रारंभिक पंक्तियाँ

- रूह का रिश्ता आँखों से नहीं, दिल से दिखता है।
- ये रिश्ता मौत से भी आगे चलता है।
- मोहब्बत का असली रूप यही रिश्ता है।
- इसमें फ़ासले मायने नहीं रखते।

✦ शेर

1. रूह का रिश्ता कभी टूटता नहीं,
ये दिल से दिल तक का सिलसिला है।

2. तेरे बिना भी तू पास लगता है,
रूह का रिश्ता यही एहसास देता है।

3. वक़्त गुज़र जाए, सदी बदल जाए,
रूह का रिश्ता कभी बदलता नहीं।

✦ छोटी नज़्म

तेरे साथ मेरा रिश्ता
लफ़्ज़ों या वादों से नहीं,
रूह से जुड़ा है।

इसलिए तू दूर होकर भी
मेरे सबसे पास है।

✦ रूमानी नज़्म

तेरे और मेरे बीच का रिश्ता
किसी दस्तख़त का मोहताज नहीं,
किसी गवाही का भूखा नहीं।

ये रिश्ता रूह का है,
जो हर धड़कन के साथ ज़िंदा है।

तू चाहे दूर हो,
तेरी मौजूदगी मेरी साँसों में है।

तेरे बिना भी मैं अधूरा नहीं,
क्योंकि तेरी रूह मेरी रूह का हिस्सा है।

✦ ग़ज़ल

मतला
रूह का रिश्ता हमें जोड़ गया,
तेरे बिना भी तू पास हो गया।

दूरी ने हमें जुदा न किया,
तेरे एहसास ने दिलों को मिला दिया।

ये रिश्ता न वक़्त से टूटा कभी,
न मोहब्बत की आग में झुलसा कभी।

तेरी रूह मेरी रूह से जुड़ी रही,
तेरे बिना भी तू मेरी धड़कन बनी रही।

मक़ता
रूह का रिश्ता अमर कहानी है,
ये ही मोहब्बत की सच्ची निशानी है।

📖 अध्याय 24:

इश्क़ का इम्तिहान

🌹 भूमिका

इश्क़ सिर्फ़ चाहत नहीं, एक इम्तिहान भी है।
ये इम्तिहान सब्र का होता है,
कभी जुदाई का, कभी वफ़ा का।
हर मोहब्बत को वक़्त आज़माता है,
हर दिल को कसौटी पर रखता है।
जो मोहब्बत सच्ची होती है,
वो हर इम्तिहान से गुज़रकर और मज़बूत हो जाती है।

✦ प्रारंभिक पंक्तियाँ

- इश्क़ का इम्तिहान आसान नहीं होता।
- इसमें आँसू भी गिरते हैं, मुस्कान भी खिलती है।
- ये इम्तिहान रूह से लिया जाता है।
- हर मोहब्बत इसकी कसौटी पर परखी जाती है।

✦ शेर

1. इश्क़ का इम्तिहान सब्र माँगता है,
   ये दिलों की गहराई तौलता है।

2. मोहब्बत अगर सच्ची हो तो जीत पाती है,
   वरना इश्क़ का इम्तिहान हर झूठ मिटा देता है।

3. दर्द, जुदाई, वक़्त सब आज़माते हैं,
   पर सच्चा इश्क़ हर इम्तिहान में जीत जाता है।

✦ छोटी नज़्म

इश्क़ का इम्तिहान
कभी आँसुओं से होता है,
कभी तन्हाई से।

कभी वक़्त रोकता है,
तो कभी फ़ासले आज़माते हैं।

पर मोहब्बत अगर सच्ची हो,
तो हर इम्तिहान आसान हो जाता है।

✦ रूमानी नज़्म

तेरी चाहत का इम्तिहान
जुदाई से हुआ,
तेरे वादों का इम्तिहान
वक़्त से हुआ।

तेरा नाम हर कसौटी पर खरा उतरा,
इसलिए मेरी मोहब्बत आज भी ज़िंदा है।

इश्क़ का इम्तिहान
दिल से दिल को जोड़ देता है,
झूठ को मिटा देता है,
सच को अमर कर देता है।

✦ ग़ज़ल

मतला
इश्क़ का इम्तिहान सब्र माँगता है,
ये दिलों का हाल बेहिसाब माँगता है।

कभी जुदाई, कभी तन्हाई से गुज़रना पड़ता है,
हर आँसू मोहब्बत की गवाही देता है।

वक़्त रोकता है, फ़ासले बढ़ाता है,
पर सच्चा इश्क़ हर मुश्किल सह जाता है।

तेरे बिना भी दिल तेरा नाम दोहराता है,
तेरी चाहत ही हर इम्तिहान पास कर जाता है।

मक़ता

इश्क़ का इम्तिहान आसान नहीं होता,
पर सच्ची मोहब्बत कभी हारती नहीं होती।

📖 अध्याय 25:
मोहब्बत की आख़िरी दुआ

🌹 भूमिका

जब मोहब्बत अपनी मंज़िल पर पहुँचती है,
तो वह दुआ बन जाती है।
कभी मिलन की दुआ,
कभी सुकून की दुआ,
और कभी बस इतना कि "वो जहाँ भी रहे, ख़ुश रहे।"
मोहब्बत की आख़िरी दुआ हमेशा निस्वार्थ होती है—
इसमें चाहत होती है,
पर शर्तें नहीं।
ये दुआ ही मोहब्बत की सबसे ऊँची परछाई है।

✦ प्रारंभिक पंक्तियाँ

- मोहब्बत की आख़िरी दुआ जुदाई में भी दुआ होती है।
- ये दुआ ख़ुदा तक पहुँचती है।
- इसमें दर्द कम और मोहब्बत ज़्यादा होती है।
- मोहब्बत की दुआ हमेशा पवित्र होती है।

✦ शेर

1. मोहब्बत की आख़िरी दुआ यही रही,
   वो जहाँ भी रहे, ख़ुश रहे।

2. न मिल सके तो भी कोई ग़म नहीं,
   उसकी हँसी मेरी दुआ का इनाम है।

3. मोहब्बत की दुआ आँसुओं से निकली,
   पर वो रूह की रोशनी बन गई।

✦ छोटी नज़्म

मेरी मोहब्बत की आख़िरी दुआ
तेरे लिए है।

तू मुस्कुराए,
तेरा सफ़र आसान हो,
तेरी रातें सुकून से भरी हों।

अगर तू दूर भी है,
तो भी मेरी दुआ तुझे गले लगा ले।

✦ रूमानी नज़्म

तेरी मोहब्बत मेरी रूह में बसी है,
तेरा नाम मेरी दुआ में दर्ज है।

मैंने चाहा कि तू मेरा हो,
पर आख़िर में मैंने दुआ की
कि तू जहाँ भी हो,
तेरे पास सुकून हो।

ये मोहब्बत का आख़िरी रूप है—
दर्द से ऊपर,
चाहत से ऊपर,
सिर्फ़ तेरे लिए दुआ बन जाना।

✦ ग़ज़ल

मतला
मोहब्बत की आख़िरी दुआ यही रही,
तेरी खुशियों से मेरी रूह जुड़ी रही।

तेरे बिना भी तुझे चाहा मैंने,
तेरे लिए ही खुदा से माँगा मैंने।

हर आँसू तेरे नाम का ताज पहनाता है,
हर ख्वाब तेरे साये में सुकून लाता है।

न मिल सका तो भी कोई ग़म नहीं,
तेरे लिए मेरी दुआ कम नहीं।

मक़ता

मोहब्बत की आख़िरी दुआ बन गई,
तेरी मुस्कान ही मेरी इबादत रही।

लेखक का नोट

प्रिय पाठक,

इस किताब के पन्नों में मैंने अपनी रूह की आवाज़ को रखा है, अपने दिल की धड़कनों को शब्दों में पिरोया है।

हर अध्याय, हर शेर, हर नज़्म और ग़ज़ल सिर्फ़ एक कहानी नहीं— ये एहसास, जज़्बात और मोहब्बत के अनुभव हैं।

कभी दर्द आया, कभी खुशी आई, कभी इंतज़ार ने तंग किया, कभी दुआ ने सुकून दिया।

यदि यह किताब आपके दिल को छू पाई, यदि इसके शब्दों में आपने अपनी मोहब्बत या अपनी यादें महसूस कीं, तो मेरी लेखनी सफल हुई।

मोहब्बत कभी खत्म नहीं होती, ये बस रूप बदलती है—कभी शेर बनकर, कभी दुआ बनकर, और कभी सिर्फ़ दिल की खामोशी बनकर।

इसलिए, पढ़ते रहें, महसूस करते रहें, और अपने रूह के रंगों को पहचानते रहें।

धन्यवाद।

श्यामंकर सिंघरी

9 788198 195456

Printed at Repro India Ltd.